वो तुम मैं और इश्क़

रचयिता

डॉ. अरविन्द कुमार सिंह

अंजुमन प्रकाशन

Title : Vo-Tum-Main aur Ishq
Author : Dr. Arvind kumar Singh

Published By-
Anjuman Prakashan
942, Mutthiganj, Prayagraj, 211003
www.anjumanpublication.com
anjumanprakashan@gmail.com

Price in India: 250/-

Printed and bound in India.
First published by Anjuman Prakashan in 2025

Cover & Typeset by Anjuman Prakashan

ISBN : 978-81-19562-17-6

समर्पण

माँ शारदा को नमन, देवो के देव महादेव-माँ पार्वती का अभिनन्दन। मेरे एवं इस सम्पूर्ण जगत के गुरु परम ज्ञानी, महा बलशाली अंजनी पुत्र श्री हनुमान जी को प्रणाम। यह काव्य संकलन उन सभी को समर्पित है जिनका मेरे जीवन को सजाने सवारने में थोडा सा भी योगदान है। यह कृति एक लेखक के तौर पर मेरा पहला प्रयास है और इसको आपके पास पहुँचाने में अनगिनत लोगो का हाथ है। यहाँ मैं सबका नाम तो नहीं लिख सकता पर एक छोटा सा प्रयास जरूर करूंगा। सबसे पहले मैं अपने माता पिता, सहभागिनी अल्पना सिंह, मेरे सास-स्वसुर एवं मेरे घर की दो लक्ष्मियों, अन्विता सिंह एवं अरातिका सिंह को समर्पित करता हूँ। इन सभी के प्रयास से ही ये पुस्तक संभव हो पाई है।

यह रचना मैं मेरे स्वर्गीय दादी-बाबा, बड़े मम्मी-पापा, बड़े/छोटे चाची-चाचा, छोटे तेरह बहन-भाई और उनके परिवारों को समर्पित करता हूँ। मेरे ननिहाल का मेरे जीवन में बहुत योगदान है, मेरे दोनों मामी-मामा, मेरे ममेरी बहनों और भाइयों को भी मैं इस समर्पण का भागीदार बनाना चाहता हूँ।

मैं अपने सभी दोस्तों का आभार व्यक्त करता हूँ, जिन्होंने मेरे काव्य भाव को समझकर मुझे इस संकलन के लिए प्रेरित किया। मेरे सभी प्रिय मित्रों एक प्रमुख नाम है मोहित आनंद। अगर आपको रामचरित मानस के किष्किन्धा कांड की चौपाई याद हो,

कहइ रीछपति सुनु हनुमाना।
का चुप साधि रहेहु बलवाना।।

मोहित ने कुछ ऐसा ही, श्री जामवंत कि तरह, मुझे एहसास दिलाया कि मैं इस रचना को प्रकाशित कर सकता हूँ। मैं मोहित को इसके लिए सहृदय धन्यवाद एवं इस संकलन को उनको भी समर्पित करता हूँ।

अंत में इस कृति को मैं आपको, जिन्होंने इस रचना को खरीदकर अपना बहुमूल्य समय एवं धन दिया, समर्पित करता हूँ। आशा करता हूँ, कि मैं आपके स्नेह पर खरा उतरूंगा।

साभार आपका

डॉ. अरविन्द कुमार सिंह

मेरी वफाओं का, तू कुछ तो मोल दे ।
न और सही, एक बार अरविन्द बोल दे ।।

भूमिका

प्रिय मित्रों, अंततः मेरी ये कृति "वो-तुम-मैं और इश्क", आपके अंतर्मन में छिपी हुई प्रेम/इश्क की भावना को कुछ गीत और ग़ज़लों के माध्यम से गुदगुदाने को प्रस्तुत है। आप सोच रहें होंगे कि तीन लोगों के बीच में इश्क, शायद ये त्रिकोणीय समीकरण है जो सुलझाने की कोशिश की गई है। ये मेरा विश्वास है कि आपको इन रचनाओं को पढने के बाद एहसास हो जायेगा कि वो, तुम और मैं, ये तीनों शख्शियत कौन-कौन सी है।

प्रेम और इश्क हमारे जीवन के अभिन्न अंग है। एक पूर्ण है, दूसरा पूर्णता कि इच्छा रखता है। इनके अथाह रंगों में से कुछ रंग, कविताओं और ग़ज़लों में बाँध कर, आपके समक्ष प्रस्तुत करने का प्रयत्न किया है और आशा करता हूँ कि आपको अपने मानसिक पटल पर पूर्णता का एहसास कराएगा।

शुरुवाती कुछ रचनाओं में मैंने माँ सरस्वती, महादेव एवं गुरु को याद किया है जिनके बिना, कुछ लिखना तो दूर, हमारा ये जीवन ही संभव नहीं है। आपको इनके साथ-साथ आपके बचपन के कुछ यादें, प्रकृति के गर्भ में छिपे प्रेम की पहचान और इसकी परिभाषा को, जो की मेरे अपने विचार है, समझने का अवसर मिलेगा।

दूसरे भाग में मैंने कोशिश की है कि, इश्क और प्रेम में मिलन, जुदाई, और दो व्यक्तित्वों के जटिल समीकरण को आपके सामने उजागर कर सकूं। ये कार्य मैंने ज्यदातर ग़ज़लों एवं कुछ गीतों के माध्यम से किया है।

हम इश्क में कभी कभी कुछ भ्रांतियों के संपर्क में आते हैं, जिससे हास्य और व्यंग भी उत्पन होता है। भाग तीन, इश्क के इन्ही कुछ पहलुओं को समर्पित है।

और अंत में, भाग चार, हमारी जिंदगी को समर्पित है। जीवन एक अविरल धारा है और जिसमे ये दुनिया अपने हिसाब से रंग भरती है। कभी खुशियाँ तो कभी दुःख इस जीवन के अभिन्न अंग है। कभी कभी एक सुकून की तलाश ही जीवन का उद्देश्य बन जाती है। इसी दर्शन को कुछ रचनाओं के माध्यम से आपको सोचने के लिए विवश करने की अपेक्षा से आपके समक्ष परोसा है।

आशा है, मेरा छोटा सा ये प्रयास आपको कभी हंसायेगा, कभी सोचने पर विवश करेगा। आपके प्रेम और स्नेह की इच्छा रखते हुए ये कृति आपको समर्पित करता हूँ।

हे माँ मुझको बल देना ...

नमन शारदे प्रणाम तुम्हे, मेरे शब्दों का ध्यान तुम्हे।
इस अज्ञानी के लेखन का, माँ अक्षरशः ज्ञान तुम्हे॥

तुम संगीत तुम्हीं गीत हो, तुम चौपाई तुम्हीं छंद हो।
तुम दोहा तुम्हीं सोरठा, उलटबांसी का तुम्हीं बंद हो॥

हे मां तुम मुझको बल देना, गंभीर धरा सा कर देना।
जल सी धारा अविरल हो, विस्तृत सा अम्बर देना॥

मेरी कल्पना की उड़ान में, वायु जैसी संगिनी देना।
बहकर शीतलता फैला दूं, पर शब्दों में अग्नि देना॥

हे माँ पथ प्रशस्त कर मेरा, सूर्य रश्मि का वर देना।
मूर्छित मेरी रचनाओं में, अपना सा जीवन भर देना॥

हे मां तुम मुझको बल देना, गंभीर धरा सा कर देना।
जल सी धारा अविरल हो, विस्तृत सा अम्बर देना॥

अनुक्रमणिका

भाग 1 - वंदन

भाग 2 - इश्क के रंग : गीत और ग़जल

भाग 3 - इश्क के रंग : कभी हास्य कभी व्यंग

भाग 4 - जिंदगी

भाग 1

वंदन

नमः शिवाय

महादेव

तू शून्य, तू अनंत,
तू ही आदि, तू ही अंत ।
तू ही उषा, तू निशा,
तू दिशा है, तू दिगंत ।।

रुद्र तू, शुद्ध तू
सत्य तू, तू प्रचंड ।
श्रेष्ठ तू, ज्येष्ठ तू,
शेष तू, विशेष तू ।।

तू शिष्ट, तू विशिष्ट,
तू सरल, तू क्लिष्ट ।
तू भूत, तू भविष्य,
तू ही बूंद, तू समुद्र ।।

आकार, तू निराकर,
तू धरा, तू अचल ।
तू ही अल्प, तू विराम,
तू ही ब्रह्मा, तू ही राम ।।

तू समय, तू समाप्त,
तू ही सबमें, तू ही व्याप्त ।
तू ही आस, तू विनाश,
तू ही जीत, तू प्रयास ।।

तू ही अमृत, तू हलाहल,
शांत तू , तू कोलाहल ।
तू ही तांडव, तू ही पांडव,
तू ही वायु, तू अनल ।।

तू ही सूर्य, तू सकल,
तू ही ज्वाला, तू प्रबल ।
तू ही प्रेम, तू प्रबुद्ध,
कर्म तू, तू ही फल ।।

तू ही नृत्य, तू अलाप,
दुष्ट का तू प्रलाप ।
तू ही कल्प, तू विकल्प,
अनघ का तू प्रताप ।।

मोह तू, वैराग्य तू,
कृत्य मेरे, भाग्य तू ।
सृष्टि का प्रमाण तू,
मैं हूं इसका, साक्ष्य तू ।।

गीता का तू ही सार.
जीवत्व का तू प्रसार ।
तू ही पांडवों की जीत,
तू ही कौरवों की हार ।।

मृत्यु का लोक तू,
मुक्ति का प्रलोक तू ।
तत् त्वम् असि का ज्ञान,
ब्रह्म का श्लोक तू ।।

तू ही एक, तू ही द्वैत,
मैं ही तू, तू अनेक ।
तू ब्रह्मांड, तू प्रकाश,
तू ही काल महाकाल ।।

हे शिव हे शंभू,
त्रियंबकम स्वयं भू ।
तू समय अनवरत,
तू ही बस तू ही तू ।।

सिया राम

सदियों अंखियां तरसी हैं, बिन सावन के बरसी हैं ।
भगवन खुशियां लाए हैं, मेरे सिया राम आयें हैं ।।

धैर्य सबका जुड़ गया, भव्य मंदिर बन गया ।
प्रभु अपना घर बसाएं है, मेरे सिया राम आयें हैं ।।

14 साल से सदियाँ 5 हुई, वनवास से लंबी आस हुई ।
आने की आहट पाएं हैं, मेरे सिया राम आयें हैं ।।

अब प्रतीक्षा पूर्ण हुई, विरोधी इच्छा क्षीर्ण हुई ।
हम दर्शन का सुख पाएं हैं, मेरे सिया राम आयें हैं ।।

अयोध्या के भाग जगे, भारत राम राज्य लगे ।
सबने मंगल गाएं हैं, मेरे सिया राम आयें हैं ।।

भक्तों के जयकारा में, सरयू की अविरल धारा में ।
फिर भगवान नहाएं हैं, मेरे सिया राम आयें हैं ।।

भरत लक्ष्मण और शत्रुघ्न, बजरंग के प्रेम का बंधन ।
सबको साथ में लाएं हैं, मेरे सिया राम आयें हैं ।।

गुरु

अंधेरो में भी रौशनी दिखा दे, वो गुरु है,
बिन पांव के चलना सिखा दे, वो गुरु है ।
माँ बाप भी छोड़ देते हैं, जिसके सहारे,
जीवन है अगर नाव, तो पतवार वो गुरु है ।।

लेते हो अगर सांस तो, प्राण गुरु है,
खुली आंखों में सपनों का, प्रमाण गुरु है ।
गुरु ही बताता है, श्रृष्टि की सार्थकता.
भौतिकता की कोख में, निर्वाण गुरु है ।।

करते हो कोई कार्य तो, प्रयास गुरु है,
बंधनों में स्वछंदता का, एहसास गुरु है ।
मिल जाये डूबते को, तिनके का सहारा,
ब्रम्हा विष्णु महेश का, विश्वास गुरु है ।।

मेरी आन तेरा मान, सबका सम्मान गुरु है
अहंकार और अभिमान का, ज्ञान गुरु है ।
यूं ही उसके बिना, कुछ हो नहीं सकता
हर हार के बाद, जीत का अभियान गुरु है ।।

ॐ

हम सनातन

परिणामों की चिंता क्यों, जैसा सोचा वैसा होगा ।
संघर्षों को रोको मत, फल अयोध्या जैसा होगा ।।

नहीं रुकेंगे कृष्ण अभी तो, शंकर नंदी मिल जाएंगे ।
बजेगी बंसी वृंदावन में, सोचो तांडव कैसा होगा ।।

म्लेक्षों जैसी करनी से, सनातन सत्य न बिगड़ेगा ।
क्षमा मांग ले अभी श्री से, शत्रु बाला जैसा होगा ।।

जीवन रेखा भारत की, नहीं मिटेगी कुकृत्यों से ।
तुच्छ प्राणी जरा संभल जा, कृत्य तेरा निष्फल होगा ।।

समझा तूने अबला नारी, जिनपे जाल बिछाया है ।
चंडी सा वध करेगी जब, नहीं तेरा कोई कल होगा ।।

वसुधैव कुटुंबकम् ध्येय हमारा, हम भारत के वासी हैं ।
गीता जैसी सोच हमारी, पर रण महाभारत सा होगा ।।

न ललकारों व्यर्थ हमें तुम, भारत को श्रेष्ठ बनाना है ।
किंचित पंथ न जाने तेरा, युद्ध बाप से कैसा होगा ।।

अल्पायु हो अज्ञानी हो, नहीं धर्म का तुमको ज्ञान ।
अहिंसा परमो धर्म नहीं, बस धर्म हिंसा तथैव च ।।

एक छोटा सा आव्हान है, अपने कर्म सुधारो तुम ।
सनातन सारी पृथ्वी होगी, बस शून्य अंश तेरा होगा ।।

पुष्प मैं तुम सुगंध

तुम काव्य मैं सर्ग, श्रद्धा तुम मैं अर्घ ।
पुष्प मैं तुम सुगंध, तुम चौपाई मैं छंद ।।

सुर मैं ताल तुम, तिलक मैं भाल तुम ।
हवा मैं सांस तुम, जीने की आस तुम ।।

मैं पंख तुम उड़ान, रुतबा तुम मैं शान ।
मैं कर्म तुम फल, आज मैं तुम कल ।।

प्यास मैं पानी तुम, चरित्र मैं कहानी तुम ।
जिह्वा मैं बोल तुम, निरर्थक मैं मोल तुम ।।

दुख मैं तुम उदास, साहस तुम मैं प्रयास ।
मैं इंद्री तुम आभास, गरल मैं तुम मिठास ।।

नींद मैं स्वप्न तुम, हवन मैं अग्नि तुम ।
चांद मैं चांदनी तुम, मेघ मैं दामिनी तुम ।।

गर्व मैं तुम आन, मनन मैं तुम ज्ञान ।
मैं सूर्य रश्मि तुम, सरिता मैं उर्मि तुम ।।

रक्त मैं हृदय तुम, जीवन मैं विषय तुम ।
स्पंदन मैं तुम प्राण, मैं हूं तुम प्रमाण ।।

प्रेम की पहचान

शायद भ्रमरों का गुंजन,
या चिड़ियों का कलराव गान।
क्या मेघों उमड़ घुमड़,
जलते तन पर वर्षा भान।।

प्रेम की है क्या पहचान..

शायद गरिमा उषा की,
सूर्य रश्मि का अदभुत दान।
क्या मंद पवन झोंकें चंचल,
सरिता का जीवन अभियान।।

प्रेम की है क्या पहचान..

शायद तारे अम्बर के,
खिलती कलियों के अरमान।
या जलनिधि में उठती लहरें,
मानव का नित अभिनव ज्ञान।।

प्रेम की है क्या पहचान..

शायद आँचल माँ का,
उसकी अश्रुपूर्ण मुस्कान।
या शीश झुकाना चरणों में,
क्या शिशु का स्तनपान।।

प्रेम की है क्या पहचान ..

शायद नैन प्रेयसी के,
तपते अधरों की मुस्कान ।
या अलकों की छाँव सुहानी,
दुःख की सृष्टि से अनजान ।।

प्रेम की है क्या पहचान ..

शायद यादें विरह की रातें,
मोतियों से टूटते प्राण।
या सीता की अग्नि परीक्षा,
क्या राम का वैभव गान ।।

प्रेम की है क्या पहचान ..

बचपन

गंगा हम हिमालय से, शिव जी साथ लायें हैं,
राम और कृष्ण की धरती से, एक पैगाम लायें हैं।
परिंदों भूल न जाना, तुम अपने उस बगीचे को,
जहाँ गुजरी थी बचपन की, सुबह वो शाम लाये हैं।।

दादा की कहानियां, दादी की वो लोरियां,
भरे जामुन से लरजी सी, पेड़ो की वो टहनियां ।
यादों में दबे थे जो, वो आम के बाग लाएं हैं,
जहाँ गुजरी थी बचपन की, सुबह वो शाम लाये हैं।।

पकड़ के पल्लू मां का, उसके पीछे छिप जाना,
चावल दाल को थाली में, घी के साथ गरमाना ।
लहसुन मिर्च की चटनी को, सिल पे पीस के लाए हैं,
जहाँ गुजरी थी बचपन की, सुबह वो शाम लाये हैं।।

रंग बिरंगी खट्टी मीठी, इमली वाली गोलियां,
कानो में खनकती सी, कंचों की वो बोलियां।
कूदें पेड़ से तुम जिसमे, वो तालाब लाएं हैं,
जहाँ गुजरी थी बचपन की, सुबह वो शाम लाये हैं।।

इंग्लिश वाली मैडम से, धड़कनों का बढ़ जाना,
उसके पास बैठने का, अज़ाब दिलकश वो पाना ।
किताबों में छुपे थे जो, वो गुल ढूंढ के लाए हैं,
जहाँ गुजरी थी बचपन की, सुबह वो शाम लाये हैं।।

दांव कबड्डी के पहले, यारों की वो तालियां,
मौका छूट जाने पर, दोस्तों की वो गालियां ।
कल तुम हार गए थे जो, वहीं हम दांव लाएं हैं,
जहाँ गुजरी थी बचपन की, सुबह वो शाम लाये हैं ।।

कांधे बैठ वो पापा के, जलते रावण का दीदार,
जगमग करती मीठी वाली, फुलझड़ियों का त्यौहार ।
लड़ते बहन से थे जिसमे, वो रक्षा बंधन लाएं हैं,
जहाँ गुजरी थी बचपन की, सुबह वो शाम लाये हैं ।।

गंगा हम हिमालय से, शिव जी साथ लायें हैं,
राम और कृष्ण की धरती से, एक पैगाम लायें हैं ।
परिंदों भूल न जाना, तुम अपने उस बगीचे को,
जहाँ गुजरी थी बचपन की, सुबह वो शाम लाये हैं ।।

भाग 2

इश्क के रंग : गीत और ग़जल

आओ तुमको चाय पिलाएं

आओ तुमको चाय पिलाएं,
करें गुफ्तगू थोड़ी सी हम;
थोड़ा सा इश्क फरमाएं,
आओ तुमको चाय पिलाएं।

बात करें हम शक्कर वाली,
मिलाकर तल्खी वाली चाय;
अहम को कूटे अदरक जैसा,
यादें पानी सी बह जाए।
दूध बनाकर खुद को हम,
इस जीवन के दो कप बनाएं;
आओ तुमको चाय पिलाएं ।

दिल के सब दरवाजे खोले,
अंखियों से कुछ नीर बहाए;
भूले थे जो सुबह भूले,
लौट शाम को घर आएं ।
साथ बैठ कर चुस्की ले,
अपने रूठे दिल बहलाएं;
आओ तुमको चाय पिलाएं ।

एक चुस्की हो बचपन वाली,
झट से पेड़ों पर चढ़ जाएं;
जोशे जवानी किस्सों वाली,
क्यों न फिर से हम दोहराएं ।
गलत हुआ जो गलत किया जो,
छोड़ो उनको हम बिसराएं;
आओ तुमको चाय पिलाएं ।

दो प्याले जब खनके तो,
चेहरों पे खुशियां भर जाएं;
बने नए किस्से बातों से,
कुछ खामोशी साथ निभाए ।
जीवन की सुबह से लेकर,
शाम तलक फिर साथ बिताएं;
आओ तुमको चाय पिलाएं ।

आओ तुमको चाय पिलाएं,
करें गुफ्तगू थोड़ी सी हम;
थोड़ा सा इश्क फरमाएं,
आओ तुमको चाय पिलाएं ।

नफ़रत कर लेना

मुहब्बत न सही, नफ़रत ही कर लेना,
तेरे दिल में रहने का, बहाना चाहिए ।

ना किया ज़िक्र कभी, ना कभी इज़हार,
अपनों को भी, हाल-ऐ-दिल सुनाना चाहिए ।

तुम मिल जाओ, ऐसी अपनी किस्मत कहां,
दिल को खुश रखने का, कोई तो बहाना चाहिए ।

टूटे जितने भी तारे, जमा कर के रखे हैं,
उनको भी तो, आसमां से मिलाना चाहिए ।

तूने कहा जो भी जब भी, मैंने किया है,
कभी कभी दुश्मनों का, दिल बहलाना चाहिए ।

तेरी जुस्तुजू नहीं अब, अब ना कोई आरज़ू है,
कभी कभी हसरतों को भी, सुलाना चाहिए ।

तेरे दर से उठे के, उसके दर पे जा बैठा हूं,
दर्द मेरा सुनने को, उस जैसा दीवाना चाहिए ।

उनकी आहट

एक उम्मीद सी है, उनके आहट की,
जिनको हम, दिन रात सुना करते हैं ।

ये बात दीगर है, वो ना आए मगर,
आने की आहट, दिन रात सुना करते हैं ।

नाम भी लेता हूँ तो, बग़ावत हो जाती है,
छुप कर सही पर, दिन रात गुना करते हैं ।

उनकी ख़ुशबू से सराबोर हैं, फूल सारे,
सूखे ही सही, पर दिन रात चुना करते हैं ।

हक़ीक़त में न सही, सपनों में देख लेते है,
है भले झूँठे मगर, दिन रात बुना करते हैं ।

उनके जलवे से रोशन है, ये ज़मीन आसमाँ,
लाखों दिल, इसी रोशनी से जिया करते है ।

ना जाने ज़िंदगी

ना जाने ज़िंदगी को, मंज़ूर क्या था,
नहीं पता मुझे, मेरा क़सूर क्या था ।

वो पहलू में आए, बैठे और चल दिए,
कोई बताये, ये क़िस्सा हुज़ूर क्या था ।

हमने की बेवफ़ाई, ऐसा कहते हैं वो,
राह में आया उनका, वो ग़ुरूर क्या था ।

रखा दिल को हमने, उनकी ठोकरों पे,
मारना है जरूर, ऐसा फितूर क्या था ।

आगाह हुए, घंटियां भी बजी कानों में,
हम हुए अंधे, जाने ऐसा सुरूर क्या था ।

जाने कितने घायल हुए, उसके इश्क में,
पता नहीं, उसमे इतना मशहूर क्या था ।

इशारे से कत्लेआम की, हैसियत उसकी,
खुदा जाने उसमें, ऐसा शऊर क्या था ।

मुझे लगा तुम आए

पास कोई जब आहट आयी,
सासों में तेरी ख़ुशबू छायी;
आँखों में आँसू लहराएँ,
मुझे लगा कि तुम आए ।

सर्दी में जब धूप खिली,
साँझ ढले सर्द हवा चली;
तारे अम्बर में जब छाए,
मुझे लगा कि तुम आए ।

नैन जो कलियों ने खोले,
सुबह सवेरे पंछी बोले;
फूलों ने जीवन महकाए,
मुझे लगा कि तुम आए ।

पागल हुए दीवाने बादल,
वर्षा ने फैलाया आँचल;
घनघोर घटा मोती बरसाए,
मुझे लगा कि तुम आए ।

सपनों में जब दूर कहीं,
यादों की तेरी ज्योत जली;
नैनों ने जब नीर बहाए,
मुझे लगा कि तुम आए ।

मेरी वफ़ाओं का मोल

मेरी वफाओं का, तू कुछ तो मोल दे,
न और सही, प्यार से अरविन्द बोल दे ।

हैं स्याह, अँधेरी घनी रातों के सिलसिले,
कर दे उजाला रात में, चांदनी घोल दे ।

नहीं देख सकता तुझको, यूं उदास मैं,
खरीद ले खुशियाँ चाहे, मुझको तोल दे।

तुमसे मिले तो जाना, हर शै खूबसूरत है,
जन्नत बख्श मुझे, दिल के दरवाजे खोल दे ।

जिंदगी को कभी, मेरी नजरों से देख ले,
मुस्कुरा कर दुनिया को, कुछ अनमोल दे ।

मेरी वफाओं का, तू कुछ तो मोल दे,
न और सही, प्यार से अरविन्द बोल दे ।

वो देख रहे थे हमको

वो देख रहे थे हमको, आज इस तरह से,
कुछ ख़्याल आए दिल में, आते चले गए ।

शाम की तरह उन्होंने, नज़रें झुकायी जो,
कुछ तीर दिल में लगे, चुभते चले गए ।

सरकते रहे हाथ मेरे, कांपते हुए उनकी तरफ,
पर मरमरी एहसास से, सर्द होते चले गए ।

कोई दीवानगी, न बाकी रही आज अपनी,
हर सांस पर उनकी, आह भरते चले गए ।

कांधे पे रखा सर तो, एहसासे सुकून हो गया,
हम जीने की चाह में, बस मरते चले गए ।

उड़ के दुपट्टा उनका, चेहरे से मेरे लिपट गया,
समेटने की कोशिश में, हम बिखरते चले गए ।

एक शरारत की हवा ने, चाँद छुपा बादलों में,
हम करीब हुए उनके, वो पास आते चले गए ।

कोई और बात कर

सुन मेरी, कोई और बात कर,
रात को दिन, ना दिन को रात कर ।

देख ले हमें, मर जाएंगे ऐसे ही,
मान मेरी, पीछे से न घात कर ।

किया था वादा, रंग तो न बदल,
कम से कम, गिरगिट को न मात कर ।

दुश्मनों से मिल, बहाने मत बना,
यार, ज्ञात को तो न अज्ञात कर ।

जा ढूंढ़ के ला, चाल कोई चल नई,
देख, सुन थोड़ी और कसरात कर ।

तेरे शहर में, चर्चाएँ मेरी खास है,
तू तरकीबों में, थोड़ा एहतियात कर ।

रूह से क्यों, हो मुकाबला जिस्मों का,
जाने दे छोड़, ऐसी ना हसरात कर ।

नीयत से क्यों अलग, चाहे सजा कर्मों की,
चाहत कर अंधेरों की, ना आफताब कर ।

अपना दिल बहला लेते हैं

हम कभी अपना, दिल बहला लेते हैं,
याद करके तुमको, फिर भुला देते हैं ।

शिकायतों का, पुलिंदा ले कर बैठे हैं,
आ जाओ कभी, तुमको सुना देते हैं ।

न तब आए मालूम हैं, न अब आओगे,
जागी ख्वाहिशों को, फिर सुला देतें हैं ।

झूठ का दरिया तेरा, अब भर चला है,
सच के मायने भी, हमको रुला देते हैं ।

उजाले भी आंखों को, अब चुभतें है
चलो अंधेरों को, फिर से बुला लेते हैं ।

चाहत नहीं तेरी, न तेरी हकीकत की,
आईने से तेरा, अक्स मिटा देते है ।

इंतजार अभी बाकी है

इंतजार अभी बाकी है,
तेरा प्यार अभी बाकी है,
सूखने ना देंगे हम दरिया को,
अश्कों का सैलाब अभी बाकी है ।

एहसास अभी बाकी है,
तेरा साथ अभी बाकी है,
ऐ आफताब, कोशिश न कर,
मुआफिक रात अभी बाकी है ।

सांस अभी बाकी है,
तेरी आस अभी बाकी है,
लौटा दिया अभी यमराज को,
क्या करे, तेरी बात अभी बाकी है ।

पास आना तेरा बाकी है,
आंखों की प्यास अभी बाकी है,
बैठ जाना पहलू में जरा संभल के,
मचलने को दिल-ए-बेताब अभी बाकी है ।

कभी रूठ जाया कीजिए

बिन बात ही हमसे, कभी रुठ जाया कीजिए,
आप भी हमको कभी, यूँ ही मनाया कीजिए ।

चंद आँसु ही काफी हैं, मेरे डूब जाने को,
समंदर भर के, ना हमको रुलाया कीजिए ।

तेरी नजरों में रहने की, अब आदत अपनी,
ये महल दो महल, क्यूं कर बनाया कीजिए ।

नहीं चाहते खुशियां, अब गम भी रास आए हैं,
जिंदगी को यूं भी, कभी भरमाया कीजिए ।

हम तो सुनाते तराना, खामोशियों से भी,
आप भी कभी, यूं ही कुछ गुनगुनाया कीजिए ।

मेरी कमियों को गिनानें का, बहुत शुक्रिया,
खुद को भी कभी, आइना दिखाया कीजिए ।

क्या कहें, बच्चों सा हैं मिजाज अपना,
किसी खिलौने से हमको, बहलाया कीजिए ।

देख लेता हूं तुमको

उतरा कभी, चढ़ता सा फितूर हो जाता हूँ,
तेरा साथ हो तो, खुदा-ऐ-नूर हो जाता हूँ ।

देख लेता हूं तुमको, तो गुम हो जाता हूँ,
सामने हो आइना, तो तुम हो जाता हूँ।

डूब कर तेरी यादों में, ऐसा बिखर गया हूँ,
बिना विज्ञापन के, मशहूर हो जाता हूँ ।

समेटने को बाकी, बस अधूरी सी ख्वाहिशें,
करता हूं कोशिश, तो चूर चूर हो जाता हूँ ।

सीधे रास्तों पर भी, अब भटकने लगा हूँ,
याद आए तो, चढ़ता सुरूर हो जाता हूँ ।

महफिलों में, बेरंगा सा महसूस होता है,
दीदार हो, तो रंगो का त्योहार हो जाता हूँ ।

मुस्करा कर जब देखती हो "अरविंद" को,
कसम से, खुशियों का सैलाब हो जाता हूँ ।

तेरे इंतजार में बैठे हैं

तेरे इंतजार में बैठे हैं,
बस तेरे खुमार में बैठे हैं,
कैसे माने तुम नहीं आओगे,
कयामत तक इंतज़ार में बैठे हैं ।

महफिल में उदास बैठे हैं,
कुछ बाकी है सांस बैठे हैं,
पूंछोगे तुम आके हाल-ऐ-दिल,
जिंदा इसी मोहपाश में बैठे हैं ।

तेरा एहसास लिए बैठें हैं,
दूर हो पर पास लिए बैठे हैं,
रोशनी जला ली है अंधेरों ने,
अब सुबह की आस लिए बैठे हैं ।

खुद को फूंक हमने

खुद को फूंक हमने, खूब तमाशा देखा है,
प्यार में लिपटा हुआ, तेरा झांसा देखा है ।

मैं गढ़ता रहा उम्मीदों के, अपने मक़ा को,
मेरा वजूद मिटाने को तेरा पासा देखा है ।

हमने तो नहीं की, फिक्र भी तूफानों की,
कुछ को लहरों से, भागते बेतहाशा देखा है ।

बिन मांगे कईयों की, तकदीर सवारी तूने,
हमारें लिए झूंठा, तेरा दिलासा देखा है ।

अनजानों सा कभी, बिन बुलाए मेहमानों सा,
तेरी नजरों में फर्क, अच्छा ख़ासा देखा है ।

हम समझते रहे, जिन्हें तेरी वफायतें सनम,
उन्ही से जफ़ा का, एक नया खुलासा देखा है ।

आए यहाँ सब

आए यहाँ सब मगर, बस एक तू ना आयी,
आयी तेरी याद तो, कभी ख़ुशबू चली आयी ।

हवाओ ने किया है, रुख़ मेरे आशियाने का,
बहारें नहीं पास मगर, पतझड़ है साथ लायी ।

बरसे आज बादलों से, अंगारे मेरे आँगन में,
कल तो की थी तूने, आज आब ने बेवफ़ाई ।

दिल में रौनक़ थी, कभी तेरे मुस्कराने की,
खामोशी लिए बैठी है, वहाँ आज मेरी तन्हाई ।

हम करेंगे इंतजार तेरा, कयामत तक भी,
बुझने नहीं देंगे लौ, जो तेरी याद में जलाई ।

तेरे जाने के बाद

महफ़िल ना हमको रास आयी, तेरे जाने बाद,
तन्हाईयों ने किया वो असर, तेरे जाने के बाद ।

ना देखा न देख सकी, सिवा तुम्हारे चेहरे को,
अब वो आँखें आँसूँ बरसाए, तेरे जाने के बाद ।

रंगो भरी हो चाहे होली, ख़ुशियों भरी दिवाली,
एक मुस्कान को तरसे हम, तेरे जाने का बाद ।

अबके सावन बरसा जब, याद तुम्हारी आयी,
खुद से भी अनजान हुए है, तेरे जाने के बाद ।

रात में चादर ओढ़ी तो, आँचल तेरा याद आया,
अब तकिए पर सर रखते है, तेरे जाने के बाद ।

करके बेरुख़ी

करके बेरुख़ी, ना हमको सजा दीजिए,
करम ना सही, हम पे सितम कीजिए ।

तेरी गलियों में गुज़री है, मेरी उम्र तमाम,
इस भूल का मुझे, कुछ तो सिला दीजिए ।

बरसात में भी सूंखे है, मेरे होंठ साक़ी,
ना जाम सही, ज़हर का प्याला दीजिए ।

मर तो चुके है, अब तमन्ना जीने की है,
बहुत हुए मेरे इम्तहान, बस और ना लीजिए ।

ज़िंदगी जी लेंगे, ख़त्म भी हो जाएगी,
अकेले में क्या मज़ा, साथ थोड़ा दीजिए ।

दिल दे बैठे

दिल दे बैठे तुम्हें, हम जान दे बैठे,
कैसे कहें, खुद मौत का सामान दे बैठे ।

शूल चुभते हैं इश्क़ के, अब मेरे जिगर में,
दवा समझे थे जिसे, वो दर्द लगा बैठे ।

इंतज़ार में गुज़रतें हैं दिन, इंतज़ार में रातें,
वो बेफ़िक्री का आलम, हम क्यूँ गवा बैठे ।

हंसती हैं आँखे, अश्कों से भर जाती है,
जाने ये कैसा रोग, हम खुद को लगा बैठे ।

जिस महफिल में न हो, चर्चा तेरे नूर का,
नकार उस महफिल को, हम दूर जा बैठे ।

नाम अपना लूं तो, तेरा निकल जाता है,
तुम कहते हो, हम अंदाजे बयां गवां बैठे ।

गज़ल कहता हूं, ढूंढ ले खुद को इसमें,
बेफिक्री में कहीं हम, तुझे न भुला बैठे ।

जिधर भी देखूं, तू ही तू नजर आता है,
हकीकत देखने की, काबिलियत गवां बैठे ।

अभी जिंदा हैं, पर मरने से डर लगता है,
बस इसीलिए हम, तुमसे दूर जा बैठे ।

बात कुछ और हो

रहने को ढूँढता हूँ, बस एक आशियाना,
दिल तेरा मिल जाए, तो बात कुछ और हो ।

मुश्किल बहुत है, राह-ऐ-मंज़िल में चलना अकेले,
बनाओ हमें जो हमसफ़र, तो बात कुछ और हो ।

हर वक्त करते हो बस, शिकवे और शिकायतें,
मुहब्बत से थोडा काम लो, तो बात कुछ और हो ।

तुमने बेवजह ही दी है, छूट अपने ज़ेहन को,
दिल से भी काम लो, तो बात कुछ और हो ।

मैं मिलता हूँ तुमसे जागकर, रोज़ रातों में,
मेरे सपनों में आओ, तो बात कुछ और हो ।

इश्क का दरिया छिपा है, तेरी इन आँखों में,
पलकों का नक़ाब उठाओ, तो बात कुछ और हो ।

सूरज कभी चाँद कभी तारा

सूरज कभी चाँद, कभी कोई तारा लिखा,
सबने पूँछा कायनात, मैंने नाम तुम्हारा लिखा ।

ना तेरा साथ मिला, ना तेरा दीदार मिला,
ऐसे बदनसीब को, हमने बेसहारा लिखा ।

भटके दर बदर, एक सुकून की तलाश में,
चैन मिला जब काग़ज़ पे, तुझे हमारा लिखा ।

दावते जन्नत को, अक्सर ठुकरा दिया हमने,
तेरे साथ होने का, छोटा सा बहाना लिखा ।

तेरे बग़ैर शायद, ये ज़िंदगी कट भी जाए,
मैंने कभी मीठा, ना तूने कभी खारा लिखा ।

बेख़ुदी में आवाज़ दी, और कभी चिल्लाए,
इस दुनियाँ ने मुझे, तेरे इश्क़ का मारा लिखा ।

नहीं थी ख्वाहिश

नहीं थी ख्वाहिश, आप हमें अपना महबूब मान लेते,
हमें इश्क था तुमसे, कम से कम इतना तो जान लेते ।

हमको नहीं थी चाहत, कि आपके दिल में बसेरा हो,
तुम जिंदा थे मेरे ख्यालों में, इसका तो एहसान लेते ।

नहीं किया बदनाम हमने, करो भरोसा मेरी बात का,
तुम होती मेरी, न कहते गजलें, न तुम्हे जान लिखते ।

चल छोड़ दे रुसवाईयां, जानें दे अपने गिले शिकवे,
न तुम होती, ना दुनिया तेरी, अगर हम भी ठान लेते ।

चंद लफ्जों के बदले हमने, अपना दिल दे दिया था,
लिखा जो खतों में तुमने, काश वो सच भी मान लेते ।

किताबों के गुल सभी, अब भी संभाल कर रखे हैं,
न सही मुझे, मेरे सब्र-ऐ-इश्क को तो ज़रा पहचान लेते ।

ख़्यालों में..

ख़्यालों में आतें हैं, कुछ इस तरह से वो,
बात इंतज़ार की, ज़ुबां तक आती नहीं ।

नहाते तो हैं हम रोज, मल मल के मगर,
कमबख़्त ख़ुशबू उसकी, जिस्म से जाती नहीं ।

रोज़ सुनते हैं, रक़ीबों से तारीफ़ उसकी,
क्या करें हमको, अब वो कुछ बताती नहीं ।

ठगी भी उसकी, हमको अच्छी लगती थी,
लूटने को हैं तैयार, पर हमें अब बनाती नहीं ।

उसके जलवे बिखरे हैं, अभी फ़िज़ाओं में,
खिजा की चालबाज़ियाँ, उसे मिटा पाती नहीं ।

इंतज़ार के बाद, दीदार का मज़ा और था,
बात इंतज़ार की, अब ज़ुबां तक आती नहीं ।

तू मिले तेरा साथ मिले

तू मिले तेरा साथ मिले, ऐसा कोई बहाना चाहिए,
तेरी अदा से घायल को भी, एक ठिकाना चाहिए ।

गायब हुई मासूमियत, फालतू का रंग जमाने में,
बेशर्त लुट जाए, ऐसा दिल एक बचकाना चाहिए ।

किरायेदार की तरह, नहीं रहना हमें तेरे दिल में,
न सही तुझ पर, दिल का हक मालिकाना चाहिए ।

हमने पी बहुत, पर न चैन मिला न सुरूर आया,
अब हमें बस तेरी, आंखों का ही मयख़ाना चाहिए ।

तुझपे उधार है, मेरी रातों की नींद दिल का करार,
पागल कभी तू भी सोच, ये उधार चुकाना चाहिए ।

क्यों न छोड़ दें अब, हर दम जीत जाने के ज़िद,
झुक कर खुद कभी, अपनों को जिताना चाहिए ।

चालें बड़ी अजीब चलते हैं, ये दुनियां वाले लोग,
लगता है दुनिया को भी, लोगों से बचाना चाहिए ।

अदावत और जलन से लबरेज़ हैं फिज़ाएं यहां,
नहीं जीना यहां, मौसम कोई आशिकाना चाहिए ।

हुस्न का गुरूर इतना, कि शायद तुझको नहीं पता,
ऐसे तो कायनात को भी, हमको मिटाना चाहिए ।

तेरी दोस्ती तेरा प्यार

लोग बोलेंगे, तेरी ज़िन्दगी की शाम हो गई है,
कह देना अब शाम, महफिलों के नाम हो गई है ।

जलें अगर सब देख, तेरे जश्ने महफिलों को,
कर देना खुलासा, ये शामें अब आम हो गई है ।

हर बात का बतंगड़ बनाना, ये उसका काम है,
खुद से गिरने की रवायत, अब आम हो गई है ।

खुद को ख़ाक किया, मैंने तुझको सवारनें में,
मुझे मिटाने में, तेरी जिंदगी तमाम हो गई है ।

कभी सोचा न था, मेरा वजूद तेरे बगैर होगा,
मेरी राख, तेरे घर की ईंटों के नाम हो गई है ।

तेरी दोस्ती हमको, बड़ी अजीज़ थी मगर,
अब तो दुश्मनी भी, तुझसे हराम हो गई है ।

WARFE?

आशिकाना मिज़ाज

अपना मिजाज़ आशिकाना है,
कभी अपने घर दावत दीजिए ।
बस थोड़ी सी आशिक़ी,
थोड़ा पास आने की इज़ाजत दीजिए ।।

औरों से गले क्यूं मिलते हो,
थोड़ा उनको भी मोहलत दीजिए ।
कसम से उफ्फ न करेंगे हम,
हमसे कितनी भी शरारत कीजिए ।।

हम ऐसे ही घायल हो जाएंगे,
बस आंखों का इशारा कीजिए ।
चाहत है चूम ले तेरे माथे को,
करने हुस्न की इबादत दीजिए ।।

कोई चाहे ये बवाल दुनिया का,
कोई चाहे सुकूनों की बस्ती ।
बस जाइए मेरी दुनिया में,
आप हमें सुकून की राहत दीजिए ।।

मुझे तुम कभी मिलोगे या नहीं,
ये वक्त या किस्मत के बात है ।
वक्त बदल, दे किस्मत को धोखा,
आप हाथ मेरा थाम लीजिए ।।

तुम्हें गुनगुनाना चाहता हूँ

मैं अपनी किस्मत को, जगाना चाहता हूं,
बस तेरा नाम, गुनगुनाना चाहता हूं ।

तेरे चक्कर में, चक्कर लगाए जिस गली में,
उसी में अब, आशियाना बनाना चाहता हूं ।

लिख के खत जो शाम को फाड़ देता था,
उसका मजमून, तुझको सुनाना चाहता हूं ।

बगैर तेरे कटती नहीं शामें हमारी,
मगर अब मैं रातों को सोना चाहता हूं ।

कुछ देर तो बैठ जा आकर मेरे पहलू में,
मैं अपने सब्र को आज़माना चाहता हूं ।

तोड़ दिया जिसने कभी मेरे भरोसे को,
तू नहीं है वो खुद को समझाना चाहता हूं ।

तुम नहीं हो हमारे लिए ये मालूम हैं हमको,
पर मैं वक्त को भी आज़माना चाहता हूं ।

तू नहीं, बस तेरा ख्याल हैं इस जहां में,
इस सच से, अब रुबरु होना चाहता हूं ।

ख़ुदा का पता

जब पता मुझे, तेरा पता चला,
तब लगा, पता ख़ुदा का पता चला ।

मैं बिक गया था, जब भरे बाजार,
तब मुझे तेरे इरादों का पता चला ।

आंखे, तेरी बातें से अलग तो होती थी,
जाने क्यों तेरे, ज़ेहन का न पता चला ।

हसरतों भरी, दस्तक दी तेरे ठिकाने पर,
तू हैं कहीं और, तब जाकर पता चला ।

मैने नहीं सोचा, अंजाम तुझसे वफ़ा का,
कारवाँ छूटा, तो मंजिल का पता चला ।

भाग 3

इश्क के रंग कभी हास्य कभी व्यंग

तुम और चाय

हमें इश्क तुमसे, और चाय से हो गया है ,
क्या कहें होश मेरा, तुम दोनों में खो गया है ।
वैसे तो बड़ा क़ातिलाना है, साथ तुम दोनों का,
ऱोज कत्ल ही अपना, जीने का बहाना हो गया है ।।

ये ख़ुद हो, या चाय का उबाल हो तुम,
या भाप में उड़ता हुआ, सवाल हो तुम ।
रंग सुनहरा है, क्या बनी हो ज्यादा दूध से,
लगता है, अदरकी चाय सा बवाल हो तुम ।।

अदाएं तेरी, ग्रीन टी की नजाकत हो जैसे,
नैनों में तेरे, ब्लैक टी की अदावत हो जैसे ।
सांसों की खुशबू में, तुलसी की शिराकत,
और बातों में, आइस टी की नफ़ासत हो जैसे ।।

याद करें तुमको, तो चाय नजर आती है,
हर चुस्की चाय की, तेरी याद दिलाती है ।
तेरे बगैर जी लिए, पर चाय न छोड़ पाएंगे,
तू गई है जबसे, ये चाय ही जान बचाती है ।।

बिन पूंछे दिल लिया हमारा

बिन पूंछे दिल लिया हमारा, उनकी शरारत तो देखिए,
हमने कहा, ठीक है ले जाओ, हमारी शराफ़त तो देखिए ।

दिल चुरा के, बैठे हैं महफिल में, एक अनजान की माफ़िक,
शोर है चारों ओर, वो चुपचाप, उनकी नजाकत तो देखिए ।

वार करके निकल गए, दर्द-ऐ-एहसास भी न होने दिया,
हम खड़े है, घायल इंतजार में, हमारी ताक़त तो देखिए।

करते हैं बात हमारी, औरों की महफिल में जा कर,
चोरी के साथ सीना जोरी, उनकी हिमाक़त तो देखिए ।

उसने कहा दिल तेरा चुराया, भोली सी सूरत देखकर,
बहके थे, अरविंद मान लिया, हमारी सदाक़त तो देखिए ।

रामपुरी छुरी

मैं बिखरा बिखरा आंटे जैसा,
तुम घी, तेल या मलाई हो ।
जब गिरती हो मेरे आगोश में,
मैं छूई मूई सा सिमट जाता हूँ ।।

मैं गुथ कर सिमटा रहता हूँ,
बैठा बेलन के इंतज़ार में ।
तेरे प्रेशर के मोहपाश में,
मनचाही शेप में ढल जाता हूं।।

कि मैं हरा भरा सा कद्दू हूँ,
और तुम छुरी हो रामपुरी ।
तिरछे नैनों से कट जाने को,
तेरी ओर खिंचकर आता हूँ ।।

कि मैं प्रेशर कुकर का ढक्कन हूँ,
और तुम हो भारत वाली गैस ।
जब तेज़ आंच तुम करती हो,
चीख चीख सीटियाँ बजाता हूँ ।।

कि मैं दही से निकला मक्खन हूँ,
तुम गरम बाजरे की रोटी हो ।
लिपटकर तेरे बदन से मैं,
कुछ लम्हों में पिघल जाता हूँ ।।

कि मैं कोडक का पुराना कैमरा हूं,
और तुम 35mm वाली रील ।
जब करती हो आंख मिचौली,
मैं तुमपे अक्स बनाता हूं ।।

कि मैं चीफ मिनिस्टर दिल्ली हूं,
तुम ईडी–सी बी आई जैसी संस्था ।
कब तक खेलूं छुपम छुपाई,
अंत में गिरफ्तार हो जाता हूं ।।

कि मैं लौंडा कूल यूपी वाला,
तुम रोमियो स्क्वाड की गर्मी हो ।
तेरी बुलडोजर सी शान देख के,
एक ढांचे सा बिखर जाता हूं ।।

कि मैं इश्क में डूबे आशिक जैसा,
तुम जलवा हो मोदी सा ।
बस चार कदम तुम चलती हो,
मालदीव सा लुट जाता हूं ।।

मैं जम्मू कश्मीर सा परेशान,
तुम केंद्र सरकार सा मलहम हो ।
हटती जब धारा 370,
मैं भारत सा खिल जाता हूं ।।

उनसे दिल लगाना

हमने उनसे दिल लगाना छोड़ दिया,
उसने जबसे दिल में आना छोड़ दिया ।
था करता इंतज़ार जिसका दिन रात मैं,
उसे खयालों में भी लाना छोड़ दिया ।।

सजाया था एक कमरा उसके लिए,
मगर उसने घर आना ही छोड़ दिया ।
किताबों में सहेज कर रख लेता मगर,
उसने गुलों को महकाना छोड़ दिया ।।

सीधी डगर थी अपनी मंजिल को मगर,
उसने अपनी रहगुज़र का रुख़ मोड़ दिया ।
कुढ़ता होगा वो भी अपने चुनाव पर,
हमने उसकी फ़िक्र का बहाना छोड़ दिया ।।

दोस्ती भी नहीं हमें हमदर्दी भी नहीं,
किया वादा हमने निभाना छोड़ दिया ।
वो क्या छोड़ेगा हमसे मिलना मिलाना,
हमने ही उसको बुलाना छोड़ दिया ।।

सारा तमाशा बस एक नज़र का था,
हमने अब आँखें मिलाना छोड़ दिया ।
समझाना दिल को आसान नहीं अरविंद,
झूठें वादों से दिल बहलाना छोड़ दिया ।।

मर्जी की डगर

मेरी मर्जी की कहां मेरी डगर है,
जैसी हैं हवाएं वैसा मेरा सफर है ।
पतवार मेरी नाव की, लेकर तू भाग गई,
अब जो हो रहा है, तूफानों का असर है ।।

चल पड़े हैं किस सफर पे,
न मुझे पता न किस्मत को ।
लाइट हाउस की बत्ती, तुने गुल कर दी,
अब जाऊं कहां, बस खुला समंदर है ।।

मोहब्बत के स्कूल में हमने,
करी थी पढ़ने की कोशिश मगर ।
फिलोसॉफी पढ़ा मुझे खुद केमिस्ट्री पढ़ी,
अब फ्री इलेक्ट्रॉन जैसा अपना सफर है ।।

तेरे जलवों के हम कायल थे,
तेरी हर अदा पे हम घायल थे ।
मंदिर बुलाकर मुझे तू कचहरी पहुंच गई,
कइयों को बनाने का तेरा ये कैसा हुनर है ।।

किया भरोसा खुद से भी ज्यादा,
कर दिया सफर हमने तेरे हवाले ।
रास्ता मंजिल का तूने बदल दिया,
अभी तक न समझे ये कैसी रहगुज़र है ।।

इश्क में मर के देख

न तू इश्क में जी के देख,
न तू इश्क में मर के देख;
और भला क्या करना है,
बस उसके बिल भर के देख ।

हाँथ एक से ताली बजती नहीं,
तू भी समझौता कर के देख;
फिर न कहना फीकी रह गई,
कभी ये लड्डू चख कर देख ।

शोलों से भरी जवानी तेरी,
पानी में कभी चल के देख;
सीधा कुछ भी दिखे नहीं,
उल्टा कर बल सर के देख ।

दोस्त तुझे ग़र दुशमन लगे,
बस उसके साथ रह कर देख;
न होगी शिकायत साँसों की,
जीने की कोशिश में मर के देख ।

ऐसे न तड़पाया करो

देखो मुझे ऐसे न तड़पाया करो,
याद करें तो वीडियो पे आया करो ।
व्हाट्सएप, फेसबुक, इन्स्टा ही सही,
डार्लिंग उंगलियां तो चलाया करो ।।

बैठे बैठे मोटी हो जाओगी,
अगर बैठी रही मेरे भरोसे ।
अपने फूलों से नाजुक बदन को,
औरों के साथ भी घुमाया करो ।।

ना ऐसे तो हम नहीं मिलेंगे,
हम भी असूल के पक्के है ।
रकीबों की फिक्र कहां मुझे,
पर पति से पूंछ कर आया करो ।।

देखो मिलना मिलाना ठीक है,
पर ये मंहगाई का जमाना है ।
कम से कम चाय पर डार्लिंग,
अपने बच्चे लेकर न आया करो ।।

अच्छा चलो तुम ले भी आए,
पर ये उनको बताएगा कौन ।
अरे हर इंसान मामा नहीं होता,
इतना तो समझा के लाया करो ।

देखो मेरी दो नावों की सवारी है,
और तेरी शिकायतें सब ठीक है ।
पर छोटी छोटी बातों में डार्लिंग,
तुम मेरी बीवी को न लाया करो ।।

मैं तुम्हे बिठाता हूं पलकों पर,
पर ऐसा मैं कह नहीं पाता ।
तुम इतनी सी बात सुनने को,
घर छोड़ कर न आया करो ।।

देखो घर अपना खुद ही संभालो,
हम भी अपना संभालेंगे ।
मेरे खुद के भी तीन बच्चे हैं,
अपने 4 का बिल न लाया करो ।।

शिकवा कोई शिकायत करो,
कैसी भी हमसे बात करो ।
पर हम कोई हीमैन नहीं है,
अटपटे शौक ना फ़रमाया करो ।।

भाग 4

जिंदगी

छुपाना ज़ख्म

छुपाना जख्म भी, एक हुनर है,
वरना हर मुट्ठी में, यहां नमक है ।

सबने भुला दिया, है ढंग जीने का,
लगता है सब, किताबों का सबक है ।

आइना नहीं, पहचानता हमको,
शायद तेरी, दुआओं का असर है ।

मेरा अपना, मेरी राह भरमाता है,
जाने जिंदगी का, ये कैसा सफर है ।

मुझे ख्वाहिशों पे, लगाम नहीं है,
अपनी परेशानी का, यही सबब है ।

कारवाँ मिले भी तो, किस काम का,
मंजिल हैं वहाँ, जहां ये फ़लक है ।

अब नूर, हर चेहरे से उड़ चला है,
शायद, चालबाजियों का असर है।

चेहरों पे चेहरे, कैसे लगाते है लोग,
खुद से ही, छुपना शायद मक़्सद है ।

हमने गिरना, मुनासिब नहीं समझा,
फिर लोग बोलेंगे, ये कैसा क़हर है ।

महफिलें दोस्तों की, अब बेमानी है,
पर्दा दुश्मनी का हो, तो सही बसर है ।

सभी बैठे हैं, अधेरे में खुद को लेकर,
लगता है कई, ज़ख्मों का असर है ।

ये दुनिया बेमिसाल है

सुर है न ताल है, फिर भी कमाल है,
ये दुनिया बेमिसाल है, ये दुनिया बेमिसाल है ।

अपनों की भीड़ है, जब तक जेब में माल़ है,
ये दुनिया बेमिसाल है, ये दुनिया बेमिसाल है ।

धीरे चले तो जीत है, दौड़े तो हार है,
ये दुनिया बेमिसाल है, ये दुनिया बेमिसाल है ।

कर्म तेरे हाथ में, बाकी किस्मत का जाल है,
ये दुनिया बेमिसाल है, ये दुनिया बेमिसाल है ।

खाया नहीं, भाग दौड़ में, पापी पेट का सवाल है,
ये दुनिया बेमिसाल है, ये दुनिया बेमिसाल है ।

छुपा रखना ज़ख्म, लोग नमक से मालामाल है,
ये दुनिया बेमिसाल है, ये दुनिया बेमिसाल है ।

पता किया, पता चला, नहीं पता, कैसा ये बवाल है,
ये दुनिया बेमिसाल है, ये दुनिया बेमिसाल है ।

मिट्टी हैं हम, फिर भी, पक्के महलों का मलाल है,
ये दुनिया बेमिसाल है, ये दुनिया बेमिसाल है ।

खा के सब बैठे हैं, पर न कोई नमक हलाल है,
ये दुनिया बेमिसाल है, ये दुनिया बेमिसाल है ।

दुनिया मिल जाए तो क्या है ?

ये दुनिया अगर, मिल भी जाए तो क्या है,
दो ग़ज ही ज़मीं ही, तो बस इंतहा है।

ये नफ़रतों के दौर, आख़िर चलेंगे कब तक,
सुना है ज़िंदगी, कुछ लम्हों की दास्तान है ।

दिल में ये हवस कैसी, होठों पे क्यूँ गिला है,
भला मुक़द्दर से ज्यादा, कब किसको मिला है ।

ज़मा कर सिक्के, कर गुमा शोहरतों का,
पर अंधेरों में कहाँ, साया भी साथ चला है।

दर्द-ए-एहसास नहीं, होठों पे दिल की बात नहीं,
शेर-ओ- सुख़न ना समझा, तो क्या जिया है ।

दरवाजे से क्यों मुड़ चला, अरे खटखटा तो देता,
दुश्मनी है बेहतर, अगर दोस्ती का ये सिला है ।

बस एक बोल प्यार का, तू मुझसे बोल दे,
फिर ये ज़मीं है क्या, और क्या आसमाँ हैं।

ऐसी तो कोई शाम हो

ज़िंदगी की भागदौड़ में, कोई तो ऐसा मुकाम हो,
दिल को मिले सुकूँ जिसमे, ऐसी तो कोई शाम हो ।

सब यार हो साथ अपने, यादों की बारात हो,
बातों में हो गिले शिकवे, और हाथों में ज़ाम हो ।

ज़ाम जब छलके तो, छलक जाएँ आँखे भी,
यादों बन जाएँ ख़ास, जो सुनने में बड़ी आम हों ।

फिर करें वादे वो सब, पर अब न तोड़ने के लिए,
क्या तेरा क्या मेरा, जो भी हो अपना एक नाम हो ।

रवायतें बड़ी आम हैं, एक दूजे से ख़फ़ा होने की,
छोड़ दे चर्चाएँ सभी, जिनका ना कोई काम हो ।

सफ़र में मिलेंगे मुकाम

सफ़र में मिलेंगे, मुक़ाम ग़मों के,
ख़ुशियों की सौग़ातें, साथ लेकर चलो ।

वीरानियों के साये, ना मिल जाए कहीं पर,
बहारों के उजाले, साथ ले कर चलो ।

बरसातों का होगा सिर्फ़, मौसम वहाँ पर,
बरसाने के लिए आसूँ, साथ ले कर चलो ।

अश्क़ो की भीड़ में, ना खो जाओ कहीं तुम,
खुद को पाने का सामान, साथ लेकर चलो ।

दर्द-ओ-दहशत से भरे, मिलेंगे चेहरे वहाँ पर,
बाँट ले जो दर्द वो दिल साथ लेकर चलो ।

टेढ़े मेढ़े से रास्ते, है बिगड़ी कवायदें वहां,
सीधे चल सको, ऐसा हुनर साथ लेकर चलो ।

तुम तलाश तो करो

कुछ नहीं है खोया, तुम तलाश तो करो,
लकीरों पे करो भरोसा, एक बार तो करो ।

नहीं बँधे हाथ तेरे, न बेड़ियाँ है पाओं में,
चलने की करो कोशिश, एक बार तो करो ।

ना हो उजाले राहों में, तो कोई ग़म नहीं,
"वो" जलाएगा दिए, इतना ऐतबार तो करो ।

तेरे दिल को सुकून, रोने से ना मिल पाएगा,
करो कोशिश मुस्कुराने की, एक बार तो करो ।

दो किनारे नहीं मिलेंगे, सोच में क्यों खड़ा है,
ख़ुद को बना नाव, उसको पतवार तो करो ।

खफा ना होना वक्त से, न रूठ जाना खुद से,
शिकायत करो ख़ुदा से, चाहे बार बार करो ।

उम्र

उम्र का क्या, साल तो यूँ ही आते हैं जाते हैं,
सपनों में कुछ जोड़ते हैं, और कुछ घटाते हैं ।
सालों का गणित, कब का छोड़ दिया हमने,
हम लम्हों में जीते हैं, और खिलखिलाते हैं ।।

अक्सर अभी भी, शरारत का मन करता है,
हम उम्रों की थकान पर, मंद मंद मुस्काते है ।
दुनिया लाख बोले, के उम्र हो चली है तेरी,
मुड़ के देखा तो, खुद को 25 का ही पाते हैं ।।

देखे कोई हसीना, तो बाल ठीक कर लेते हैं,
शायद उसे पसंद है, हम खुद को भरमाते हैं ।
अर्धांगिनी कहती भी है, घर चलो बात करेंगे,
इसी अदा पे उसकी, हम फिर से मर जाते हैं ।।

मालूम है कि खुशियों का, पैमाना नहीं होता,
ढूंढों तो कभी गम में, हँसी पल मिल जाते हैं ।
जीतकर भी यूं, बहुत कुछ छोड़ दिया हमने,
लोग भले उनको, अपनी सफलता बताते हैं ।।

वो खुशियाँ क्या, जिसमें तू शामिल न हो,
तेरे बग़ैर हम तो, खुद को अकेला पाते हैं ।
ये मेरे हमसफ़र, तू न होता तो क्या होता,
इतनी सी बात, सोच के भी हम घबराते हैं ।।

ज़िंदगी की तलाश

चलता हूँ गिरता हूँ, गिरता हूँ संभलता हूँ,
बेवजह मैं जिंदगी की, तलाश में फिरता हूँ ।

न पूंछ ग़मों की हैसियत, मेरी जिंदगी में,
मैं अगर जलता हूं, तो रोशनी करता हूँ ।

जल्दी निजात मिल जाए, मुझे इस जहाँ से,
बस इसीलिए रोज़, पाप का घड़ा भरता हूँ ।

जाने दे मुझे, जल्दी है बहुत तुझे पाने की,
लौट कर तेरे, वादों का हिसाब करता हूँ ।

तेरे साथ भी कभी, ऐसा तो हुआ होगा,
थोड़ा सा जीने के लिए, मैं तो ऱोज मरता हूँ ।

हौसला

मेरे हौसलों को चाहे, तार तार कर ले,
कोशिश कर एक, चाहे बार बार कर ले ।
फिर मिलूंगा कल, उसी डगर पर मैं,
मेरी राहों को घुमा, लंबा हज़ार बार कर ले ।।

सुनी हैं पीठ पीछे, साज़िशों की कहानी,
केवल दुकान नहीं, इसे बाज़ार कर ले ।
देख बदनामी की, क़वायद अच्छी नहीं,
होगा तुझसे पहलें, इतना एतबार कर ले ।।

मौत का सामान, तूने ज़मा तो कर लिया,
अब गोली मार, या ख़ंजर का वार कर ले ।
कर ले तू भी अपनी, हसरतें पूरी मुझसे,
चल मेरे वीराने से, ख़ुद को बहार कर ले ।।

तेरी बेचारगी पे, अक्सर तरस आता है,
हुनर तरास अपना, तेज़ धार कर ले ।
जवाब देने का ज़िम्मा, वक़्त पे छोड़ा है,
इतना मत मचल, थोड़ा इंतज़ार कर ले ।।

सर्द है फिज़ाएं, तेरा असर नहीं दिखता,
अफवाहों का बाज़ार, थोडा और गरम कर ले ।
सूनी पड़ी रियासतें, जिनके जलवे थे कभी,
आ तू भी वक्त से, हाथ दो चार कर ले ।।

ऐसे तो ना होंगी, ख़्वाहिशें पूरी तेरी,
अपने सपनों में थोड़ी, और खार भर ले ।
तू भी सोचता होगा, पड़ गया पाला किससे,
चल रंज़िशे छोड़, तू भी मुझसे प्यार कर ले ।।

गैरों को बहुत देखा हमने

गैरों को बहुत देखा, अपनों को भी अजमाया,
यूं कहिए किस्मत अपनी, कुछ फ़र्क नजर नहीं आया ।

कहते थे तुम चलो, हम तुम्हारे साथ हैं,
पर वक़्त के तक़ाजे पे, कोई रहगुज़र न आया।

सोचा सलीका जीने का, बस अपनों के साथ है,
सच कहें हुनर मरनें का, कुछ अपनों ने ही सिखाया ।

ये रास्ते जिंदगी के, कुछ टेढ़े तो थे मगर,
पर कमबख़्त अपनों ने, काँटों का दरिया बनाया।

मेरे क़त्ल से पहले, पूंछा तो होता एक बार,
कौन हूं मैं तुम्हारा, तुम्हारा अपना या पराया ।।